오랜 세월 동안 신비에 싸여 있다가
드디어 과학적으로 밝혀지기 시작한 사람의 뇌.
그리고 뇌가 하는 일을 컴퓨터로 흉내 내는 인공 지능.
그 신기한 세계로 여행을 떠나 봅시다.

나의 첫 과학책 19

내 머릿속이 궁금해
뇌와 인공 지능

박병철 글 | 미소노 그림

휴먼
어린이

여러분은 이 세상에서 제일 신기한 게 무엇이라고 생각하나요?

마술? 도깨비? 아니면 청소해 주는 로봇?

물론 신기해 보이지만, 그 속사정을 알고 나면 별로 신기할 게 없습니다.

마술은 속임수고, 도깨비는 사람이 만들어 낸 이야기고,

청소 로봇은 과학을 이용한 발명품일 뿐이지요.

하지만 이 세상에는 정말로 신기한 것들이 있습니다.

과학자에게 이런 질문을 하면 대부분이 '우주'라고 대답합니다.

우주는 너무 크고 넓어서, 아는 것보다 모르는 것이 훨씬 많기 때문입니다.

그런데 우리 주변에는 우주 못지않게 신기한 물체가 하나 있습니다.
이 물체가 하는 일은 무언가를 기억하고 명령을 내리는 것인데,
우주에 있는 그 어떤 물체보다 섬세하고 복잡합니다.
그런데도 크기는 축구공보다 작고, 무게는 콜라병보다 가볍지요.
더욱 신기한 건 이 대단한 물체를 누구나 하나씩 갖고 있다는 것입니다.

눈치챘나요? 우주에서 가장 복잡하고 신비한 그 물체는 바로
여러분의 머릿속에 들어 있는 **뇌**랍니다.

거울 앞에 서면 내 모습이 훤히 보입니다.

표정을 찡그려도 여전히 멋지네요. 볼수록 마음에 듭니다.

이런 생각을 만들어 내는 곳이 바로 뇌입니다.

그런데 문득 어제 단짝 친구와 싸웠던 일이 생각나면서

머리가 아닌 가슴 한구석이 저려 옵니다. 마음이 불편한 것이지요.

그렇다면 생각은 머리로 하고, 기쁘거나 슬픈 감정은 가슴으로 느끼는 걸까요?

옛날 사람들은 사람의 마음이
심장에 들어 있다고 믿었습니다.
감정을 느끼는 곳이 머리가 아니라
가슴이라고 생각한 거지요.

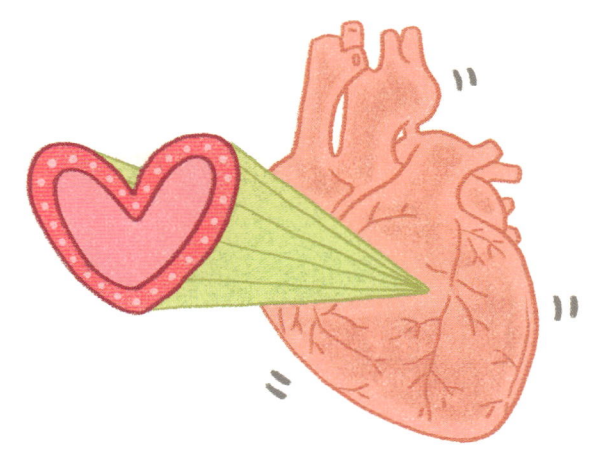

그래서 요즘도 슬플 때는 '가슴이 아프다'고 하고
기쁠 때는 '가슴이 벅차다'거나 '가슴이 뛴다'고 합니다.

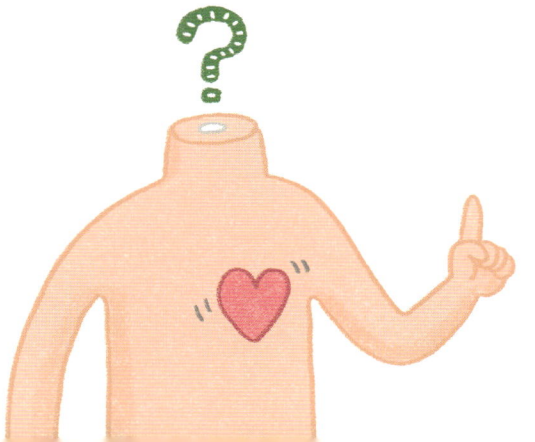

잠깐, 그러면 머리가 없어도 감정을 느낄 수 있다는
말인가요? 왠지 그럴 것 같진 않은데,
옛날에는 확인할 방법이 없었습니다.
머리가 없는 사람은 이 세상에 존재하지 않았으니까요.

이 궁금증은 1848년에 우연히 일어난 사고 덕분에 풀렸습니다. 피니어스 게이지라는 미국인 청년이 철도 공사장에서 일하다가 실수로 폭탄을 터뜨리는 바람에 머리를 크게 다쳤습니다. 상처가 너무 심해서 사람들은 게이지가 살아나지 못할 거라고 생각했는데, 놀랍게도 그는 병원에 입원한 지 몇 주일 만에 깨어났습니다. 그리고 네 달 후에는 다시 일터에 나갈 수 있게 되었지요.

그런데 사람들은 게이지가 전혀 다른 사람이 되었다며 수군거렸습니다.
사고를 당하기 전에는 아주 착하고 성실한 청년이었는데,
머리를 다친 후에는 툭하면 화를 내곤 했지요.
게이지는 그 후로 12년을 더 살다가 세상을 떠났습니다.
그때 의사들이 가족의 허락을 받아 게이지의 머리를 엑스레이로 찍어 보니
놀랍게도 뇌의 앞부분이 거의 사라지고 없었습니다.
착했던 게이지가 괴팍한 사람이 된 것은
뇌의 앞부분이 제 역할을 못 했기 때문이었습니다.

게이지의 뇌에서 힌트를 얻은 과학자들은 여러 가지 실험을 거친 끝에
감정도 생각처럼 뇌에서 만들어진다는 것을 알아냈습니다.
또 뇌의 각 부분마다 맡은 역할이 다르다는 것도 알게 되었지요.
예를 들어 전두엽은 논리적인 생각을 하는 곳이고,
그 뒤에 있는 두정엽은 몸의 감각과 말하는 능력을 관리하는 곳입니다.
그리고 측두엽은 친구의 얼굴을 알아보거나 감정을 느끼고,
제일 뒤에 있는 후두엽은 눈에 보이는 모든 장면을 인식하지요.

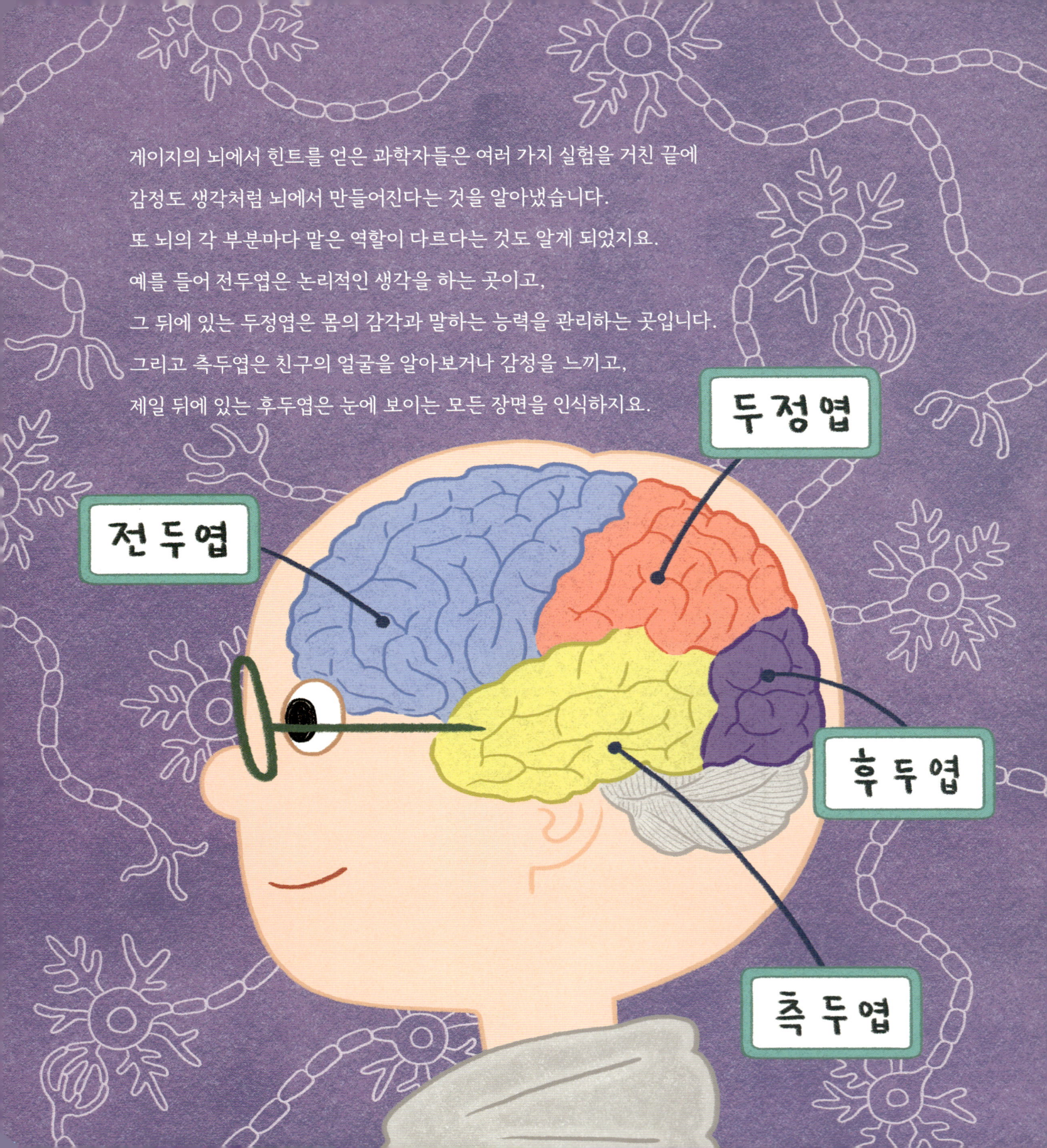

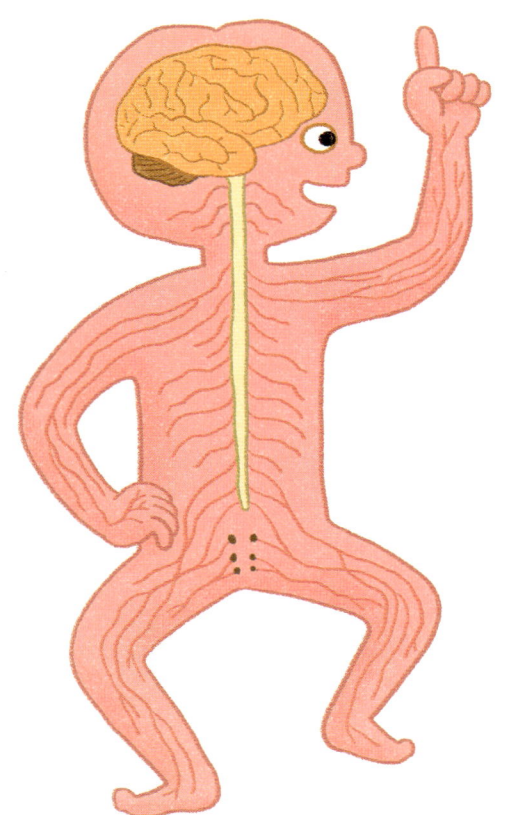

내 몸 안에서 내 생각과 상관없이
일어나는 일도 뇌의 명령에 따라
이루어지고 있습니다.
숨을 쉬고, 음식을 소화하고,
심장이 뛰고, 피가 흐르는 것은
나도 모르는 사이에 뇌의 안쪽 부분이
시켜서 하는 일이랍니다. 만일 이 모든 것을
내가 일일이 알아서 챙겨야 한다면
기억해야 할 일이 너무 많아서
도저히 살아갈 수 없을 것입니다.

뇌를 연구하는 과학자들에게 가장 큰 문제점은
뇌를 눈으로 직접 볼 수 없다는 것이었습니다.
의사들이 죽은 사람을 해부해서 머릿속을 들여다볼 수는 있었지만,
이미 작동을 멈춘 뇌에서는 알아낼 수 있는 것이 별로 없었지요.
그러던 중 1990년대에 살아 있는 사람의 뇌를 사진처럼 선명하게 찍어 주는
MRI(엠알아이)가 발명되면서 문제가 해결되었습니다.

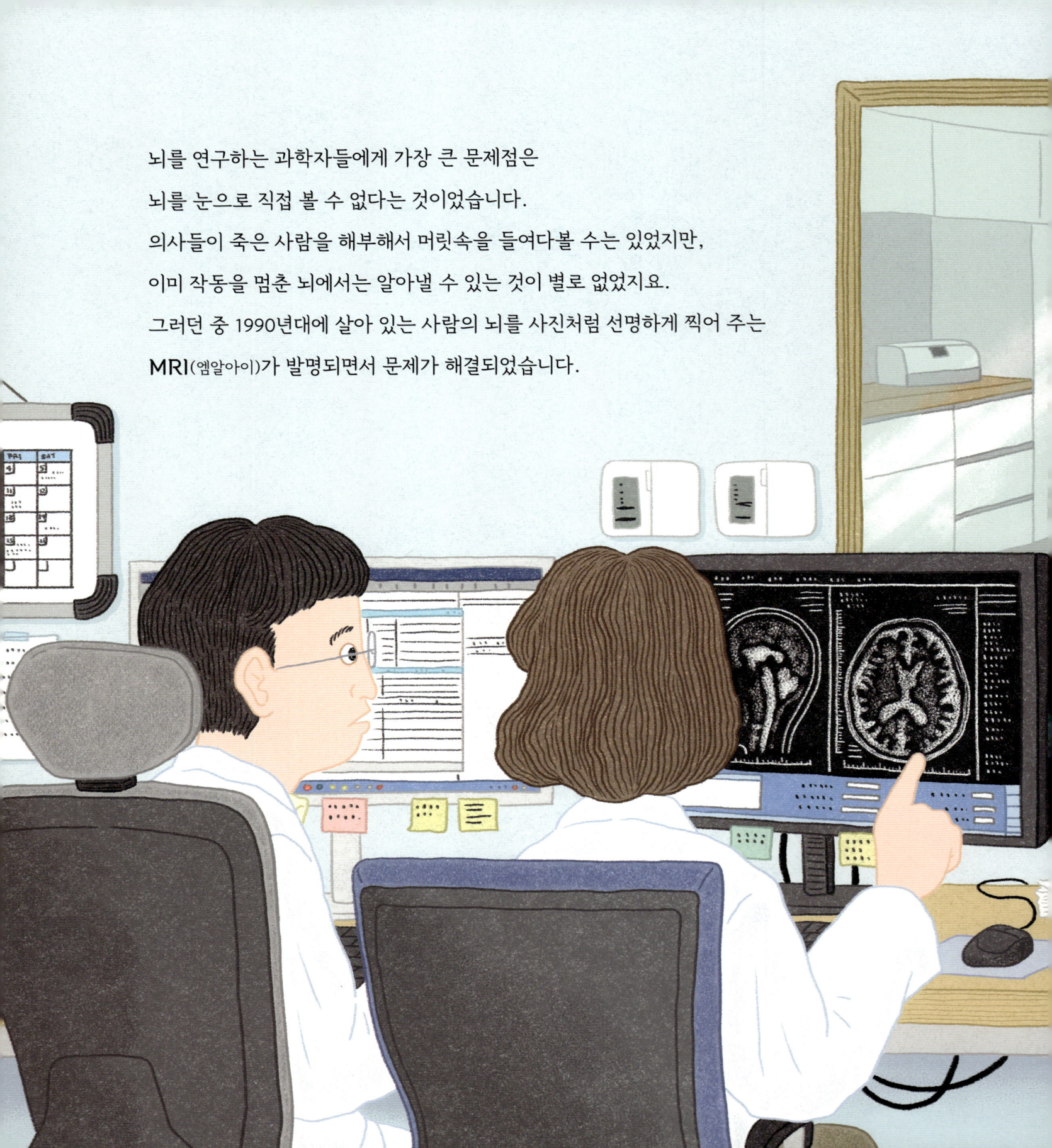

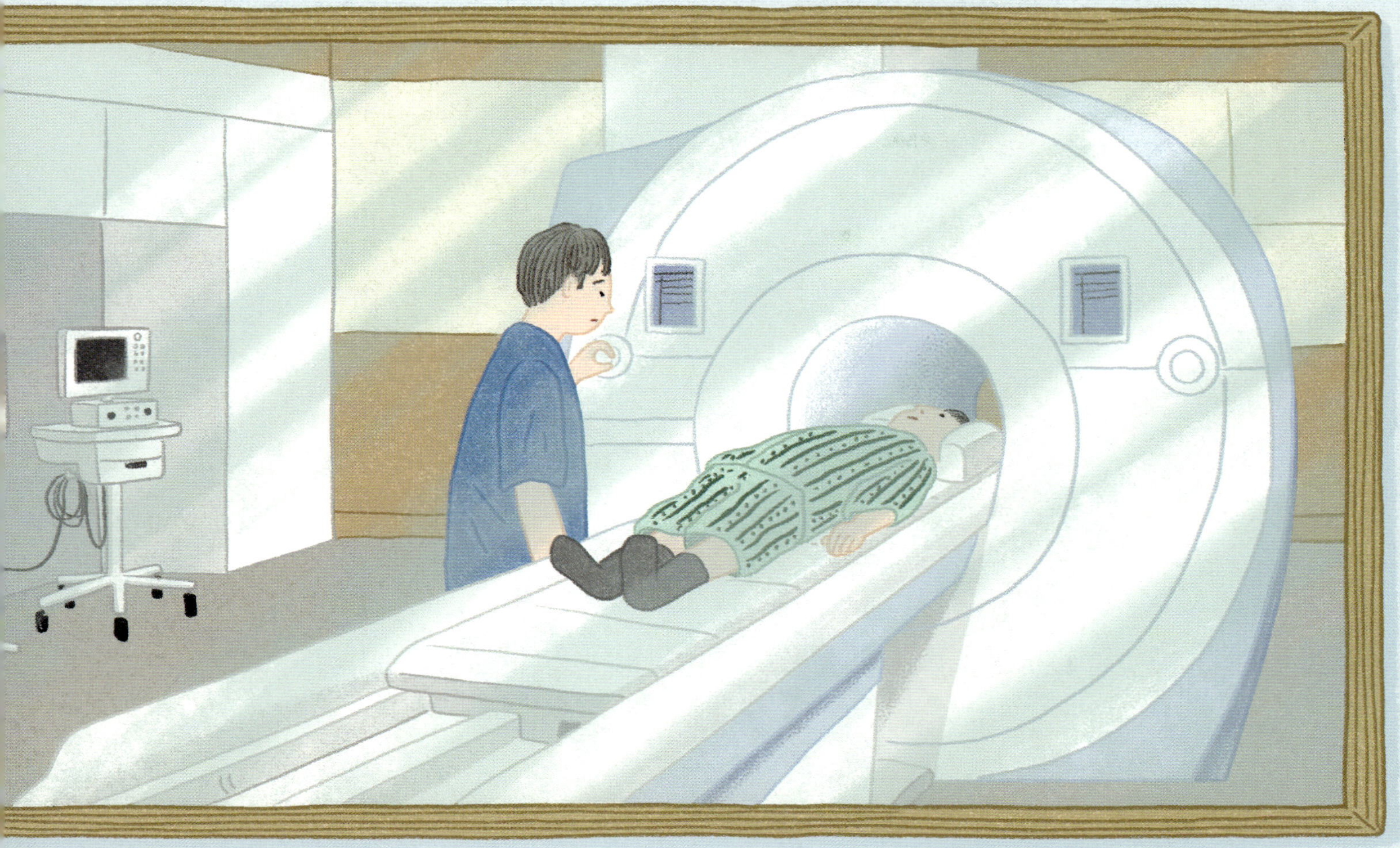

MRI는 커다란 자석으로 에워싸인 도넛처럼 생겼습니다.
그 안에 사람을 눕혀 놓고 전자기파의 한 종류인 라디오파를 쪼이면
뇌에 있는 원자들이 라디오파를 메아리처럼 튕겨 냅니다.
MRI가 이 신호를 받아서 컴퓨터에 보내면
똑똑한 컴퓨터가 신호를 분석해서 뇌의 입체 영상을 만들어 줍니다.
마치 시계를 뜯지 않고 속을 들여다보는 것과 비슷하지요.
이 마술 같은 MRI 덕분에 뇌의 구조가 더욱 자세히 밝혀졌고,
뇌를 과학적으로 연구하는 **뇌 과학**이 관심을 끌기 시작했습니다.

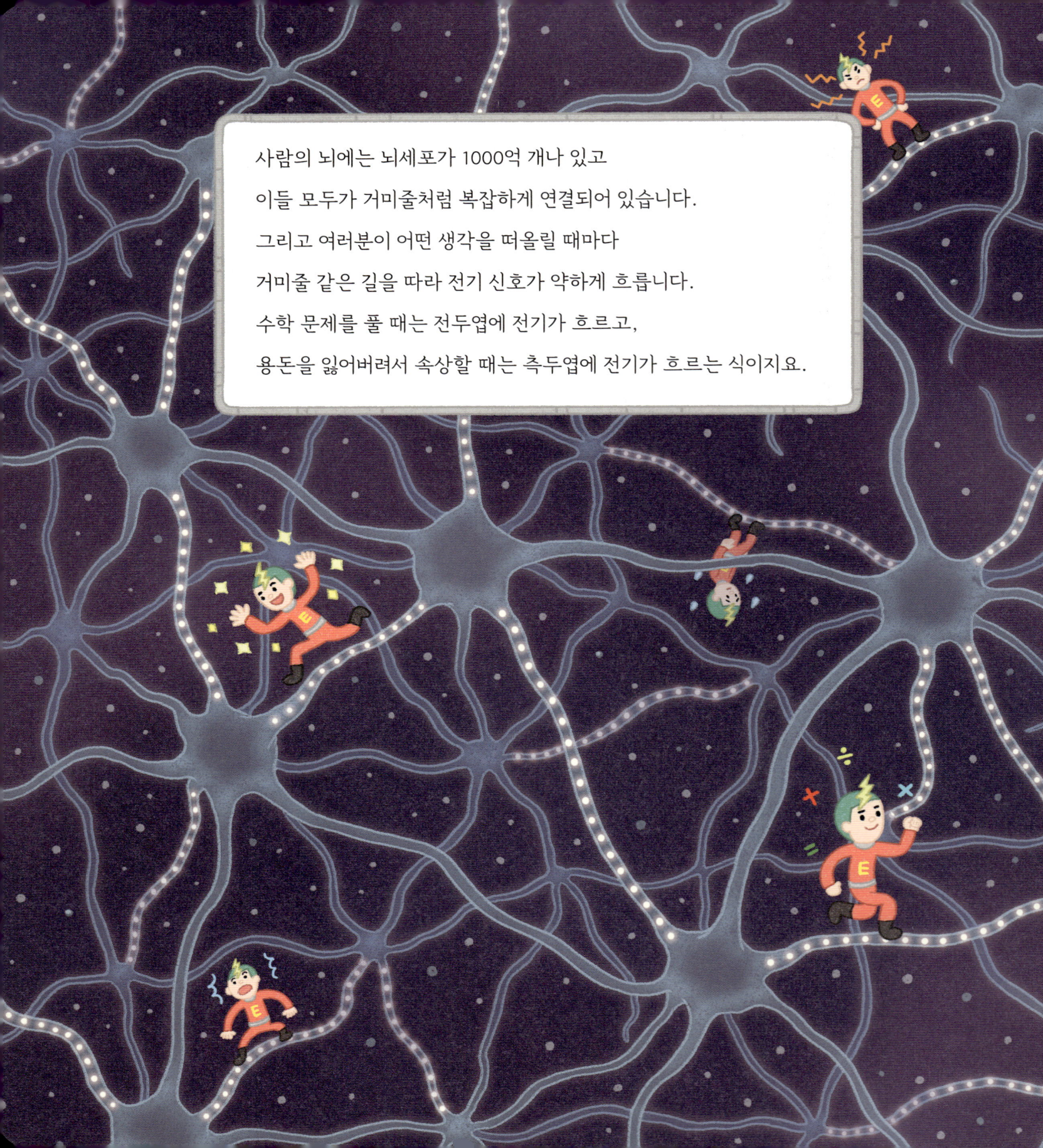

사람의 뇌에는 뇌세포가 1000억 개나 있고
이들 모두가 거미줄처럼 복잡하게 연결되어 있습니다.
그리고 여러분이 어떤 생각을 떠올릴 때마다
거미줄 같은 길을 따라 전기 신호가 약하게 흐릅니다.
수학 문제를 풀 때는 전두엽에 전기가 흐르고,
용돈을 잃어버려서 속상할 때는 측두엽에 전기가 흐르는 식이지요.

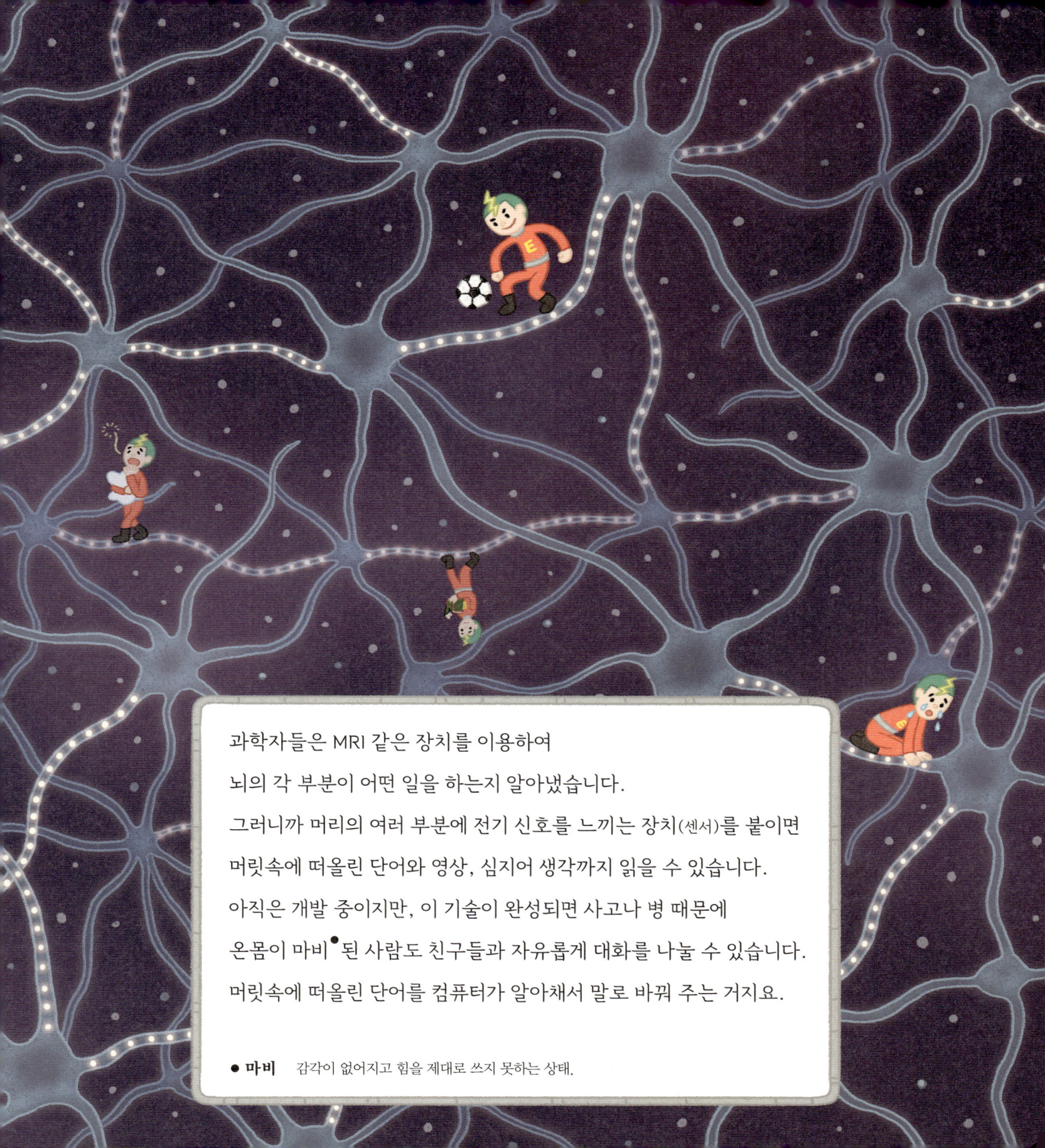

과학자들은 MRI 같은 장치를 이용하여
뇌의 각 부분이 어떤 일을 하는지 알아냈습니다.
그러니까 머리의 여러 부분에 전기 신호를 느끼는 장치(센서)를 붙이면
머릿속에 떠올린 단어와 영상, 심지어 생각까지 읽을 수 있습니다.
아직은 개발 중이지만, 이 기술이 완성되면 사고나 병 때문에
온몸이 마비˙된 사람도 친구들과 자유롭게 대화를 나눌 수 있습니다.
머릿속에 떠올린 단어를 컴퓨터가 알아채서 말로 바꿔 주는 거지요.

● **마비** 감각이 없어지고 힘을 제대로 쓰지 못하는 상태.

이 기술을 조금 바꾸면 생각만으로 컴퓨터에 글자를 입력할 수 있고,
머릿속으로 상상한 풍경을 컴퓨터가 그리게 할 수도 있습니다.
말을 하지 않고 상대방에게 생각을 전달하는 것을 **텔레파시**라고 하는데,
뇌 과학이 발달하면 이 모든 것이 가능해집니다.

모든 사람들이 특별한 헬멧과 안경을 쓰고 돌아다니는 장면을 상상해 봅시다.
벤치에 앉아서 조는 사람은 사실 그림을 그리는 화가이고,
카페에서 혼자 커피를 마시는 사람은 동료들과 회의를 하는 중입니다.
겉모습만 보면 아무것도 안 하는 것 같은데
텔레파시 헬멧을 쓰면 생각만으로 어떤 일도 할 수 있습니다.
이런 기술은 지금 한창 개발되고 있답니다.
여러분이 어른이 되면 세상이 아주 조용해질 것 같네요.

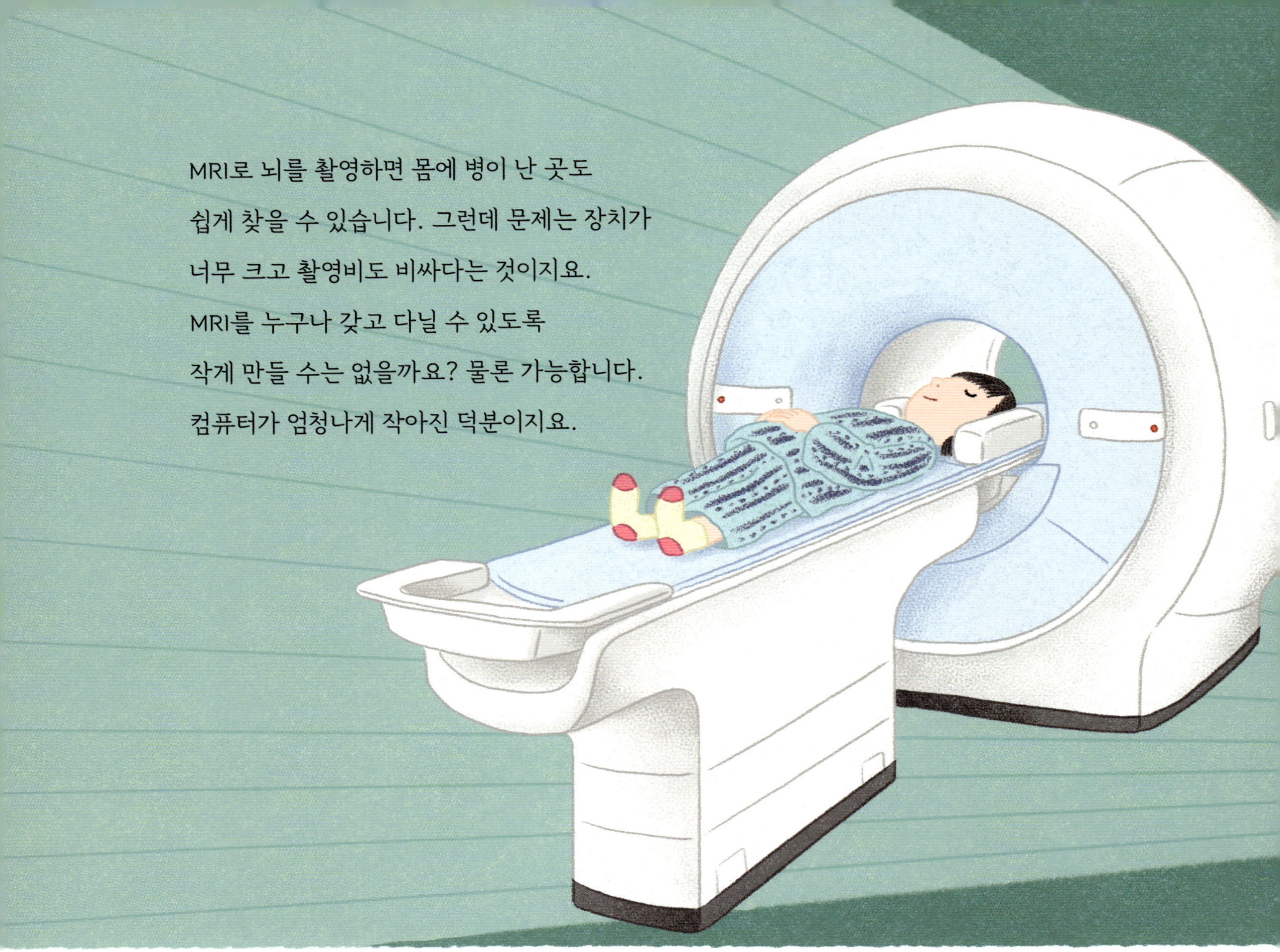

MRI로 뇌를 촬영하면 몸에 병이 난 곳도 쉽게 찾을 수 있습니다. 그런데 문제는 장치가 너무 크고 촬영비도 비싸다는 것이지요. MRI를 누구나 갖고 다닐 수 있도록 작게 만들 수는 없을까요? 물론 가능합니다. 컴퓨터가 엄청나게 작아진 덕분이지요.

몇 년 전에 우체통만큼 작아진 MRI가 처음 등장했습니다.
아직은 병원에 있는 커다란 MRI만큼 정확하진 않지만
컴퓨터의 크기가 더 작아지고 성능이 더 좋아지면
모든 사람들이 MRI를 스마트폰에 넣고 다니는 세상이 올 것입니다.
몸이 조금 이상하면 스마트폰으로 머리를 검사해서
그 영상을 병원으로 전송하면 의사가 결과를 알려 줍니다.
미래에는 아예 병원에 갈 필요가 없을지도 모르겠네요.

③ 아니, MRI로 그런 것도 알 수 있어요?

④ 당연하죠. 머릿속이 온통 먹는 생각으로 가득 차 있더라고요.

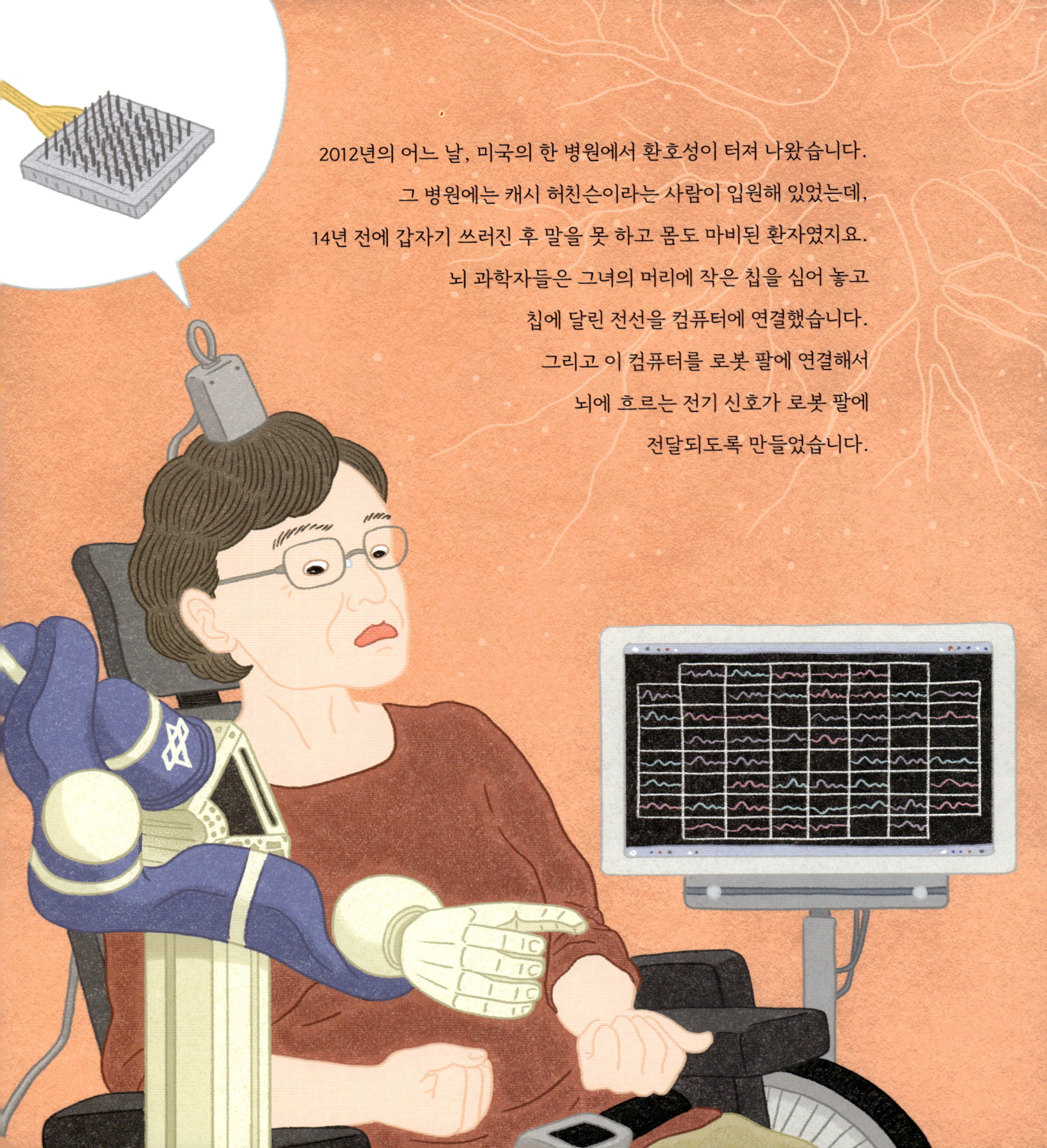

2012년의 어느 날, 미국의 한 병원에서 환호성이 터져 나왔습니다. 그 병원에는 캐시 허친슨이라는 사람이 입원해 있었는데, 14년 전에 갑자기 쓰러진 후 말을 못 하고 몸도 마비된 환자였지요. 뇌 과학자들은 그녀의 머리에 작은 칩을 심어 놓고 칩에 달린 전선을 컴퓨터에 연결했습니다. 그리고 이 컴퓨터를 로봇 팔에 연결해서 뇌에 흐르는 전기 신호가 로봇 팔에 전달되도록 만들었습니다.

수술이 끝난 후, 허친슨이 무슨 생각을 하는가 싶더니 로봇팔이 조금씩 움직여 옆에 있던 병을 집어 들고 그녀의 입 앞으로 가져갔습니다.

그 모습을 지켜보던 의사들은 큰 소리로 만세를 불렀고 허친슨은 기쁨의 눈물을 흘리며 맛있게 커피를 마셨지요. 오랜 시간 마비된 몸속에 갇혀 살아왔던 그녀가 뇌 과학 덕분에 자신의 생각대로 움직이는 새로운 팔을 얻게 된 것입니다.

뇌 과학이 발전하면 생각만으로 대화를 할 수 있을 뿐만 아니라,
허친슨처럼 생각만으로 물건을 움직일 수도 있습니다.
그렇다면 내 생각대로 움직이는 장치를 옷처럼 만들어서
아예 입고 다니면 어떨까요?
커다란 물건을 생각만으로 들어 올리고, 자동차보다 빠르게 뛰고,
발끝에 엔진을 달면 하늘을 날 수도 있을 것 같습니다.
가만, 이거 영화에 나오는 '아이언맨' 아닌가요?

그렇습니다. 뇌 과학은 상상을 현실로 만들어 줍니다.
실제로 과학자들은 이런 옷을 만들고 있답니다.
물론 지금은 전깃줄이 치렁치렁 달려 있어서 움직이기 불편하고
기껏해야 뒤뚱거리면서 걷는 정도지만,
전깃줄을 무선으로 바꾸고 컴퓨터가 허리에 찰 정도로 작아지면
평범한 사람도 아이언맨이 될 수 있습니다.

놓을 자리가 마땅치 않네.
피아노 좀 저리 치워 줘요.

나 지금 바빠.
차 고치러 카센터에 가야 해.

슈트를 입으면
지구를 구할 줄 알았는데,
여전히 집안일만 하고 있네.

그 밖에도 뇌 과학을 이용하면
사람의 꿈을 동영상으로 찍을 수 있고
뇌의 특정한 부분을 자극해서
지능을 높일 수도 있으며,
특별히 만든 칩을 뇌에 심어서
마음을 조종할 수도 있습니다.
이런 것은 지금 한창 개발 중인 기술입니다.
어떤가요? 아무리 과학도 좋지만,
왠지 좀 무섭지 않나요?

뇌 과학은 수학이나 물리학과 달리 사람을
직접 다루는 과학이기 때문에
사람에게 해를 끼치지 않도록 항상 조심해야 합니다.
내 머릿속을 누군가가 몰래 들여다보고
내 마음을 누군가가 자기 멋대로 조종한다면
그것만큼 끔찍한 일은 세상에 없을 겁니다.
뇌 과학이 사람에게 도움이 되려면
과학보다 사람을 귀하게 여기는 마음을
가져야 할 것입니다.

꿈을 찍어서 동영상으로 제출하라고 했잖아. 왜 말을 안 듣는 거야?

그게요… 내용이 좀 창피해서요…….

학교에서 우리 머릿속에 말 잘 듣게 만드는 칩을 심을 거래.

컴퓨터는 아무리 성능이 좋아도 어디까지나 기계일 뿐이어서,
한번 만들어 놓으면 10년 후에도, 100년 후에도 똑같습니다.
하지만 사람의 뇌는 무언가를 새로 배울 수 있고,
새로 배울 때마다 점점 더 똑똑해집니다.
바로 이것이 컴퓨터와 사람의 가장 큰 차이입니다.

그런데 뇌 과학 덕분에 뇌의 구조가 많이 알려졌으니,
사람의 뇌와 비슷한 컴퓨터를 만들 수도 있지 않을까요?
컴퓨터가 사람처럼 스스로 배워 나가는 능력을 갖고 있다면
처음부터 좋은 컴퓨터를 만들려고 애쓸 필요가 없습니다.
아인슈타인도 갓난아기 때부터 물리학을 잘하지는 않았으니까요.
그래서 과학자들은 인공적으로 만든 지능을 기계에 심는
인공 지능(AI)에 관심을 갖기 시작했습니다.

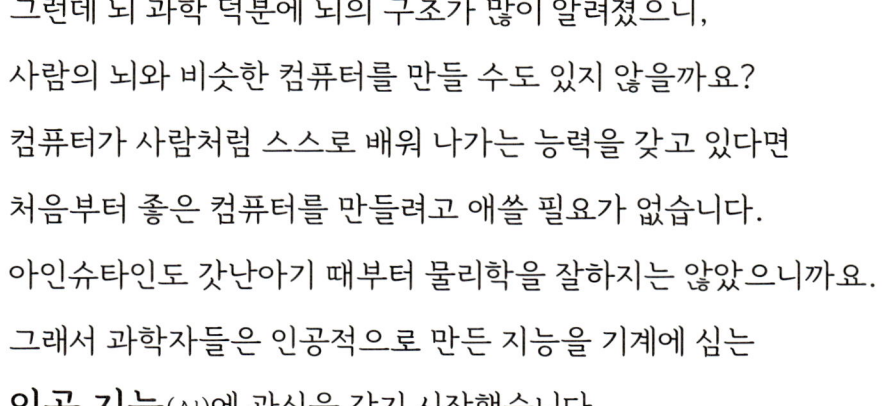

컴퓨터는 사람이 만들어서 넣어 준 **프로그램**에 따라 일하는 장치입니다. 숫자를 더하라면 더하고, 곱하라면 곱하고, 뭐든 시키는 대로 잘합니다. 하지만 컴퓨터는 한번 만들어진 프로그램을 스스로 바꿀 수 없기 때문에 프로그램에 없는 질문을 하면 갑자기 먹통이 되어 버립니다.

인공 지능 컴퓨터는 스스로 프로그램을 바꿀 수 있습니다.
물론 컴퓨터 혼자서 마음대로 바꾸는 게 아니라,
정교하게 만들어진 프로그램에 따라 바뀌는 것이지요.
그래서 명령을 많이 수행할수록 성능이 점점 좋아집니다.

2016년 3월, 서울의 한 호텔에서 흥미진진한 경기가 열렸습니다. 세계에서 바둑을 제일 잘 두는 우리나라의 바둑 기사 **이세돌**과 구글에서 만든 바둑 전문 인공 지능 컴퓨터 **알파고**가 둘 중 누가 진짜 세계 최고인지 겨루기로 한 것입니다. '사람과 컴퓨터의 대결'로 큰 관심을 끌었던 이 경기는 텔레비전을 통해 전 세계 사람들이 지켜보았지요.

"에이, 아무리 그래도 기계가 어떻게 사람을 이기겠어?"
많은 사람들이 이렇게 생각했지만, 놀라운 결과가 나왔습니다.
두 바둑 기사는 일주일 동안 바둑을 총 다섯 번 두었는데,
알파고가 세계 챔피언 이세돌을 4 대 1로 이겼지요.
물론 이것만으로 인공 지능이 사람보다 낫다고 할 수는 없지만
사람 못지않게 똑똑해질 수 있다는 것을 확실하게 보여 주었습니다.

유튜브에서 귀여운 고양이 동영상을 재미있게 보면
다음부터는 어떻게 알았는지,
비슷한 고양이 동영상을 추천해 줍니다.
그리고 인터넷에서 예쁜 신발을 검색하면
다음부터는 인터넷 어디를 가도 신발 광고가 따라다닙니다.
내가 무엇을 좋아하는지, 컴퓨터가 다 알고 있는 것 같습니다.
누군가가 여러분의 컴퓨터를 엿보고 있는 걸까요?

네, 맞습니다. 하지만 그 '누군가'는 사람이 아니라 인공 지능 프로그램이랍니다.
무언가를 검색할 때마다 인공 지능 프로그램이 내가 사는 동네와 나이, 가족, 취미 등을 분석해서 내가 좋아할 만한 동영상이나 물건을 정확하게 골라서 추천해 줍니다. 이렇게 인공 지능은 우리의 일상생활 속에 깊이 들어와 있답니다.
그 덕분에 사고 싶은 물건도 엄청나게 많아졌지요.

지금까지 말한 인공 지능은 컴퓨터에 심은 프로그램일 뿐이어서
우리에게 무언가를 추천하기만 할 뿐, 스스로 움직이지는 못합니다.
그런데 인공 지능 컴퓨터에 이동 장치를 달아 주면
혼자 생각하고 혼자 움직이는 기계가 됩니다.

컴퓨터에 의자와 엔진, 바퀴를 달면
자율 주행 자동차가 되고
얼굴과 몸, 팔, 다리를 달면
여러분이 좋아하는 **로봇**이 되는 거지요.

하지만 인공 지능 기술은 아직 초보적인 단계여서
만화 주인공처럼 싸움도 잘하고 똑똑한 로봇은
아직 만들지 못했습니다.

청소만 하거나 춤만 추는 로봇은 쉽게 만들 수 있지만
사람처럼 모든 일을 척척 해내는 로봇을 만들려면
기술이 지금보다 훨씬 많이 발전해야 합니다.

인공 지능 로봇이 꼭 사람을 닮아야 할 이유는 없습니다.
덩치가 크면 움직이기 불편하고, 연료도 많이 필요하지요.
오히려 로봇을 아주 작게 만드는 게 더 나을지도 모릅니다.
이렇게 조그만 로봇을 **나노봇**이라고 합니다.
게다가 나노봇에 인공 지능 기술을 적용해서
사람의 DNA처럼 스스로 복제할 수 있게 만든다면
처음부터 많이 만들 필요도 없습니다.

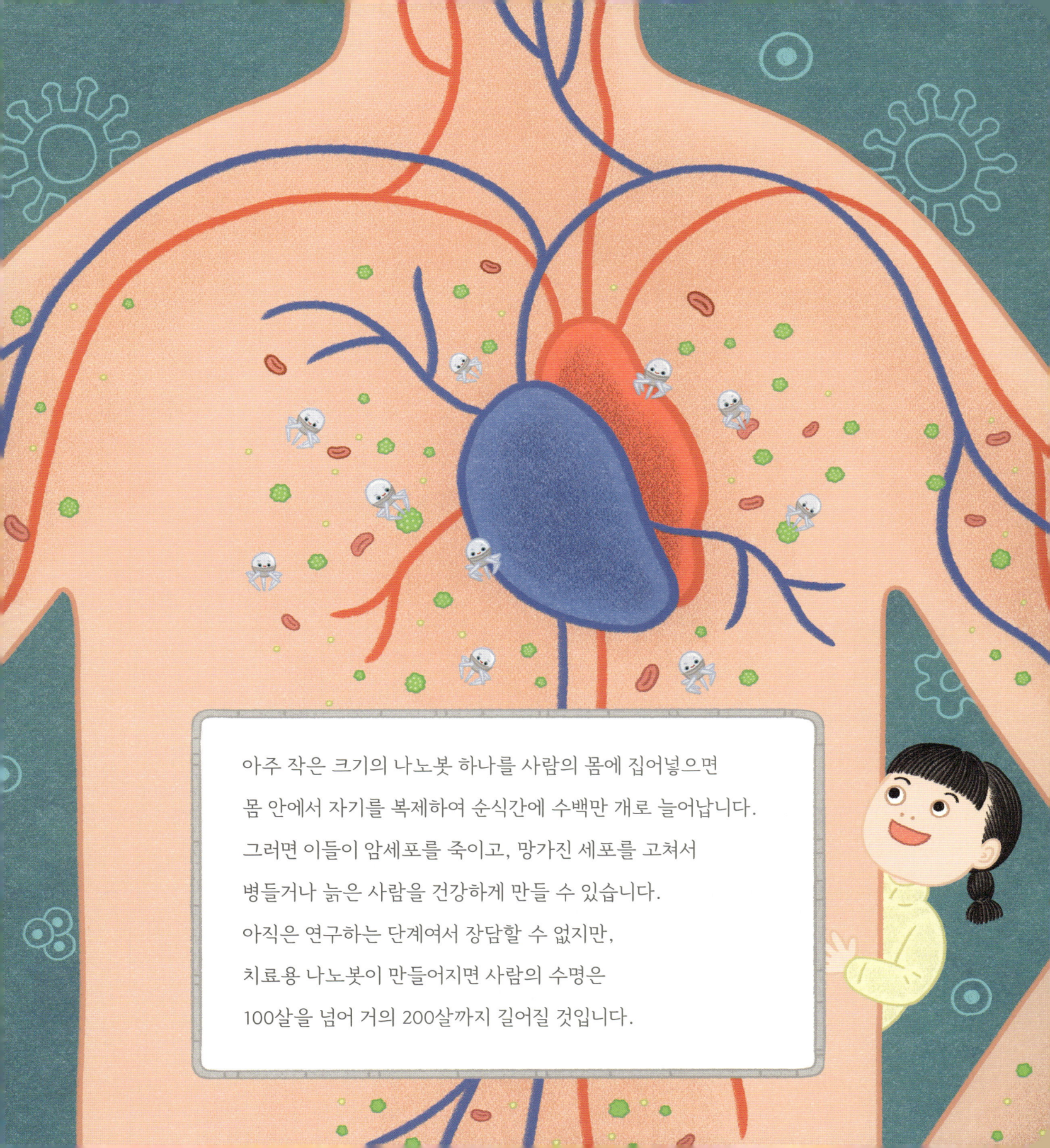

아주 작은 크기의 나노봇 하나를 사람의 몸에 집어넣으면
몸 안에서 자기를 복제하여 순식간에 수백만 개로 늘어납니다.
그러면 이들이 암세포를 죽이고, 망가진 세포를 고쳐서
병들거나 늙은 사람을 건강하게 만들 수 있습니다.
아직은 연구하는 단계여서 장담할 수 없지만,
치료용 나노봇이 만들어지면 사람의 수명은
100살을 넘어 거의 200살까지 길어질 것입니다.

뇌 과학과 인공 지능은 미래를 풍요롭게 만들어 줄
중요한 기술로 자리 잡았습니다.
무엇보다 중요한 건 이 기술로 아픈 사람을 치료할 수 있다는 것입니다.
하지만 과학자들 중에는 그 반대로 생각하는 사람도 있습니다.
로봇이 발달하면 사람보다 똑똑해져서 사람을 지배할 수도 있고,
나노봇이 너무 많아지면 이들이 지구를 망가뜨릴 수도 있다는 것이지요.

물론 틀린 말은 아닙니다.
그러나 과학자를 포함한 우리 모두가 사람을 소중하게 여기고
어렵게 개발한 기술을 올바른 곳에 사용한다면
앞서 말한 나쁜 점은 얼마든지 없앨 수 있습니다.
살기 좋은 세상이란 병에 걸리지 않고 무조건 오래 사는 세상이 아니라
사람들끼리 서로 좋은 관계를 맺고 사는 세상입니다.
이런 세상을 만들려면 과학을 함부로 사용하지 말고
어떻게 해야 모두에게 도움이 될지 깊이 생각해야 할 것입니다.

아이큐(IQ)의 비밀

우리는 조금 아둔해 보이는 사람을 '아이큐(IQ) 두 자리'라며 놀리곤 합니다.
여기서 말하는 '두 자리'란 아이큐가 100이 안 된다는 뜻이지요.
학교에서 아이큐 검사를 받았는데 97이라는 값이 나오면 너무 창피해서
부모님과 친구들에게 말하지도 못하고, 행여 누군가가 내 점수를 알아챌까 봐
일부러 똑똑한 척하고 다니기도 합니다. 그런데 아이큐는 정말로 믿을 만할까요?
아이큐(Intelligence quotient, 지능 지수)는 1916년에 미국의 과학자 루이스 터먼이 개발한
지능 측정 방법입니다. 마치 시험을 보듯 여러 개의 문제를 풀어서
성적순으로 값을 매긴 것인데, 여기에는 대부분의 사람들이 잘 모르는
비밀이 숨어 있습니다. 한 무리의 사람들에게 아이큐 검사를 했을 때,
전체의 중간값에 해당하는 사람의 아이큐를 무조건 100으로 정한다는 것이지요.
예를 들어 50명의 학생들이 아이큐 검사를 받았다면, 그들 중 절반인 25명은
아이큐가 100 이상(세 자리)이고, 나머지 25명은 99 이하(두 자리)라는 뜻입니다.
세계 최고의 천재들 50명을 모아 놓고 검사를 해도 그들 중 25명은
'아이큐 두 자리'라는 결과가 나올 수밖에 없지요. 그러므로 각기 다른 집단에 속한
두 사람의 아이큐를 비교하는 것은 아무런 의미가 없습니다.
게다가 아이큐 검사에 나오는 문제도 수학과 관련된 문제가 대부분이어서,
예술이나 문학적 능력이 뛰어난 학생이 아이큐 검사를 받고 크게 실망하기도 합니다.

그래서 과학자들은 이 문제를 해결하기 위해 다양한 문제를 개발했는데,
이들 중 '지능을 측정하는 완벽한 방법'으로 인정받은 것은 단 하나도 없습니다.
미국의 과학자들은 1940년대에 아이들에게 아이큐 검사를 실시한 후
30년 후에 그 아이들이 어떻게 살고 있는지 확인하는 실험을 한 적이 있는데,
'어린 시절에 높은 아이큐를 받은 아이가 어른이 된 후에도 잘 산다'는 법칙 같은 것은
전혀 발견되지 않았습니다. 아이큐가 높은데 어렵게 사는 사람도 있고,
아이큐가 두 자리인데 자신의 분야에서 최고의 자리에 오른 사람도 많았다고 합니다.
그러니까 아이큐는 '자신이 속한 집단에서 두뇌의 순발력을 비교해 나타낸 숫자'일 뿐,
사람의 지적 능력(지능)과는 별 상관이 없습니다.
그리고 '아이큐 두 자리'는 평범하다는 뜻이므로, 이것 때문에 실망하거나
친구들에게 놀림받을 이유가 눈곱만큼도 없다는 거, 꼭 기억하세요!

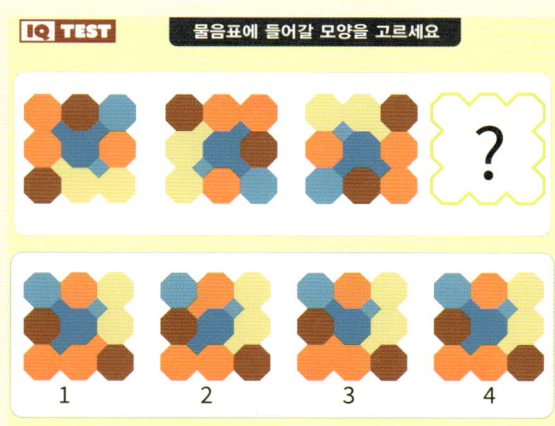

아이큐 검사 문제 예시

나의 첫 과학 탐구

뇌 과학으로 지능을 높일 수 있을까?

사람의 지능을 정확하게 측정하는 것은 여전히 어려운 문제로 남아 있지만,
수학이나 문학, 언어, 예술 등 특정 분야에서 뇌의 능력을 측정하는 방법은
다양하게 개발되어 있습니다.
우리 주변에는 이런 능력을 태어날 때부터 타고난 사람도 있고,
꾸준히 연습해서 능력을 키운 사람도 있지요.
그런데 앞으로 뇌 과학이 충분히 발달하면 뇌 수술을 해서 지능을 높일 수도 있을까요?
뇌 과학자들은 얼마든지 가능하다고 주장합니다.
오랜 세월 동안 애써 노력하지 않아도 병원에서 수술만 받으면 머리가 좋아진다니,
귀가 솔깃한 소식이 아닐 수 없습니다. 사실 어린아이가 자라서 어른이 되면
뇌세포는 더 이상 자라지 않고, 한번 손상된 뇌세포는 다시 만들어지지 않습니다.
그래서 과거의 과학자들은 사람의 힘으로 지능을 높일 수 없다고 생각했지요.
하지만 이런 생각은 뇌 과학이 발달하면서 조금씩 달라지고 있답니다.
이 세상에는 사고로 머리를 크게 다친 후에 갑자기 지능이 높아진 사람들이 있습니다.
많지는 않고, 전 세계를 통틀어 100명쯤 된다고 합니다.

일부 과학자들은 이런 사람의 머리를 자세히 조사한 끝에 그들의 능력이
갑자기 생긴 것이 아니라, 원래부터 갖고 있던 능력이 사고를 통해
겉으로 나타났을 뿐이라고 결론지었습니다.
간단히 말해서, 뇌의 적절한 부분에 적절한 충격을 받으면
누구나 천재가 될 수 있다는 뜻이지요.
물론 이 기술이 완성되려면 뇌의 각 부분이 하는 일을 아주 정확하게 알아내야 하는데,
뇌 과학이 지금과 같은 속도로 발전한다면 앞으로 수십 년 안에
수술로 만들어진 천재가 등장할지도 모릅니다.
유전자(DNA)를 조작해서 천재를 만드는 방법도 있습니다.
사람과 침팬지의 유전자는 98.5퍼센트가 완전히 똑같은데,
이는 곧 1.5퍼센트는 다르다는 뜻이기도 합니다. 그러니까 사람과 침팬지의
다른 점은 이 1.5퍼센트의 유전자 안에 들어 있을 것이고,
지능을 좌우하는 유전자도 그 안에 들어 있겠지요.
이 부분을 정확하게 찾아낸 후 첨단 기술을 이용하여 그 부분의 유전자를 조작하면
지능을 높일 수 있습니다. 물론 아직은 갈 길이 멀지만,
뇌 과학자들은 반드시 성공할 거라며 연구에 열을 올리고 있답니다.

글 박병철

연세대학교 물리학과를 졸업하고 한국과학기술원(KAIST)에서 이론물리학 박사 학위를 받았습니다. 30년 가까이 대학에서 학생들을 가르쳤으며 지금은 집필과 번역에 전념하고 있습니다. 어린이 과학동화 《별이 된 라이카》, 《생쥐들의 뉴턴 사수 작전》, 《외계인 에어로, 비행기를 만들다!》를 썼습니다. 2005년 제46회 한국출판문화상, 2016년 제34회 한국과학기술도서상 번역상을 수상했으며, 옮긴 책으로는 《프린키피아》, 《페르마의 마지막 정리》, 《파인만의 물리학 강의》, 《평행우주》, 《신의 입자》, 《슈뢰딩거의 고양이를 찾아서》 등 100여 권이 있습니다.

그림 미소노

이웃 나라 일본에서 바다를 건너 중학생 때 한국으로 왔습니다. 홍익대학교에서 판화를 공부하고, 어린이책에 그림을 그리고 있습니다. 쓰고 그린 책으로 《어서 와! 장풍아》, 《옥수수의 비밀》이 있으며, 그린 책으로 《골고루》, 《푸른이의 두근두근 생태 교실》, 《종합 병원에는 의사 선생님만 있을까?》, 《엄마 사랑》, 《아빠 사랑》, 《너랑 나랑 선물》 등이 있습니다.

나의 첫 과학책 19 — 뇌와 인공 지능

1판 1쇄 발행일 2023년 11월 27일

글 박병철 | **그림** 미소노 | **발행인** 김학원 | **편집** 이주은 | **디자인** 기하늘
저자·독자 서비스 humanist@humanistbooks.com | **용지** 화인페이퍼 | **인쇄** 삼조인쇄 | **제본** 다인바인텍
발행처 휴먼어린이 | **출판등록** 제313-2006-000161호(2006년 7월 31일) | **주소** (03991) 서울시 마포구 동교로23길 76(연남동)
전화 02-335-4422 | **팩스** 02-334-3427 | **홈페이지** www.humanistbooks.com

글 ⓒ 박병철, 2023   그림 ⓒ 미소노, 2023
ISBN 978-89-6591-540-9 74400
ISBN 978-89-6591-456-3 74400(세트)

- 이 책은 저작권법에 따라 보호받는 저작물이므로 무단 전재와 무단 복제를 금합니다.
- 이 책의 전부 또는 일부를 이용하려면 반드시 저작권자와 휴먼어린이 출판사의 동의를 받아야 합니다.
- **사용연령 6세 이상** 종이에 베이거나 긁히지 않도록 조심하세요. 책 모서리가 날카로우니 던지거나 떨어뜨리지 마세요.